INCENDIE

DE

BOURBONNE LES BAINS

1717

TIRÉ A 300 EXEMPLAIRES.

Paris. — *Imprimé chez Bonaventure et Ducessois,*
55, *quai des Grands-Augustins.*

RELATION

DU

GRAND INCENDIE

ARRIVE

A BOURBONNE LES BAINS

EN CHAMPAGNE

LE PREMIER DE MAY DE CETTE ANNEE

1717

Tirée d'une lettre écrite à M. le prince de Talmond

PUBLIEE D'APRES L'EDITION ORIGINALE

avec une Introduction et des Notes

PAR LE Dr E. BOUGARD,

Médecin à Bourbonne-les-Bains,
membre correspondant de la Société d'Hydrologie médicale
et du Cercle de la Presse scientifique de Paris,
de la Société de Médecine de Strasbourg, etc.

A PARIS

CHEZ AUGUSTE AUBRY,

L'UN DES LIBRAIRES DE LA SOCIETE DES BIBLIOPHILES FRANÇOIS

RUE DAUPHINE, N. 16

[illegible]

AU LECTEUR

*

Vous connaissez les sources thermo-minérales de Bourbonne-les-Bains, l'antique ANDESINA BORVO des Romains, vous savez leurs propriétés remarquables ; mais ce que vous ignorez peut-être, c'est la destruction presque totale de cette ville par un incendie, au commencement du XVIIIe siècle.

Cet opuscule, pour lequel je réclame toute votre bienveillance, contient sur ce triste événement tous les renseignements que j'ai pu recueillir. Vous y trouverez entre autres :

1° L'édition originale de la *Relation du grand incendie arrivé à Bourbonne-les-Bains en Champagne, le premier de may de cette année* 1717; tirée d'une lettre écrite à M. le prince de Talmond. In-4° de 7 pages.

Document important pour l'histoire de notre cité, et qui, à ce titre, m'a paru digne d'être sauvé de l'oubli.

2° L'*Extrait des registres du Conseil d'État du Roy*, par lequel les habitants de Bourbonne sont déchargés pendant dix ans de la capitation et autres impôts, et leur taux de taille réduit à cinq sols chacun.—*Manuscrit sur parchemin* de 0m,34 de hauteur sur 0m,25 de largeur, avec le sceau de la généralité de Paris; conservé aux archives de la ville.

Bourbonne possède aussi le Procès-verbal détaillé—dressé le 28 mai 1717—des maisons incendiées et des pertes et dommages causés. *Extrait des minutes du greffe du bailliage royal et siége présidial de Langres.—Manuscrit sans pagination* (83), revêtu du sceau de la généralité de Châlons.

Au bas de la dernière page, on lit: « Collationné et délivré à M. le procureur du roy, le requérant, par le soussigné greffier en chef au bailliage royal de Langres, cejourd'huy vingt-cinq février mil sept cent quatre-vingt huit. JOSSE. »

Au moment où je publiai mes premières recherches sur la *Bibliographie* de notre station thermale[1], la Relation que je reproduis aujourd'hui m'était inconnue, et les copies plus ou moins authentiques que j'avais à ma disposition présentaient entre elles des variantes si nombreuses que j'aurais pu croire à autant de relations différentes; d'un autre côté, un auteur moderne annonce dans un ouvrage que cette relation est en vers latins[2]. Que devais-je faire? *A l'impossible nul n'est tenu*—dit le proverbe;—après avoir frappé vainement à toutes les portes, de guerre lasse, je donnai une version à peu près

---

[1] *Progrès de la Haute-Marne.*—Juin, juillet, août, septembre et octobre 1860.

[2] « Il nous reste plusieurs récits de ce désastre; l'un, fait par le curé du temps, est en vers latins. » —*Les Eaux thermales de Bourbonne-les-Bains* (Haute-Marne), par E. Magnin, docteur en médecine, inspecteur adjoint des eaux thermales de Bourbonne. Paris, J.-B. Baillière, 1844.—Ce récit en vers, soit dit en passant, n'a jamais existé que dans l'imagination de M. Magnin.

exacte, mais, je l'avoue humblement, qui n'est pas la vraie.

Maintenant que, grâce à l'extrême obligeance d'un de mes bons confrères de la localité, M. le docteur Causard, j'ai entre les mains ce précieux *In-quarto*, je suis heureux, en vous faisant participer à cette bonne fortune, de pouvoir racheter ma faute. En même temps j'ai l'espoir de mettre fin à toutes ces copies plus ou moins revues, corrigées, abrégées ou augmentées, qui courent les rues, et qui toutes revendiquent l'honneur d'être conformes à l'original.

Bourbonne, placé sur les frontières de la Lorraine, de la Franche-Comté, de la Bourgogne et de l'Alsace, au milieu de villes et de châteaux forts, Langres, Lamothe, Choiseul, Jonvelle, Coiffy-le-Haut, Aigremont, points stratégiques importants, ne fut pas sans se ressentir des guerres civiles religieuses et autres qui ensanglantèrent nos contrées pendant le XVIe et le XVIIe siècle. La guerre des Impériaux surtout fut ruineuse; pendant 23 ans, de 1636 à 1659, le pays fut constamment occupé par des gens de guerre qui mirent tout à feu et à sang : amis et ennemis, Français, Suédois, Lorrains, Allemands, Croates, c'était à qui causerait le plus de ravages. Quantité de villages, Coiffy-le-Bas, Laneuvelle, Lavernoy, Varennes-sur-Amance, Chézeaux, Arbigny-sous-Varennes, Anrosey, Hortes, Rosoy, Chaudenay, Fresnoy, Montigny-le-Roi furent incendiés, et les habitants ou massacrés ou faits prisonniers. Bourbonne n'échappa au feu qu'en payant aux Croates et aux Lorrains, conduits par le capitaine Borniv al, une rançon de 8,000 livres (mai 1638).

Charles de Livron, seigneur de Bourbonne et gouverneur de Coiffy, premier officier et gentilhomme du duc de Lorraine, commandait alors un corps d'armée contre la France. Quelques années plus tard, en 1653, le 30 juillet, nous le retrouvons avec le seigneur de Laneuvelle et autres nobles des environs à l'ermitage de Saint-Pérégrin [1], habité par un ancien serviteur du prince de Condé, qui soutenait alors le parti espagnol.

C'est de cette époque que date la destruction de Coiffy-le-Haut, avril 1635 ; de Jon-

---

[1] Ermitage célèbre dans les bois de Poinson-les-Fayl (Haute-Marne).

velle, 16 septembre 1641 ; de Lamothe, 1645; d'Aigremont, 11 janvier 1651.

A ces calamités ne tardèrent pas à se joindre la peste et la famine. En 1652, la disette fut si grande que le bichet de blé se vendit jusqu'à 10 francs, et encore ne pouvait-on en avoir avec son argent. Pendant le temps que dura la guerre, les campagnes restèrent désertes et les terres incultes; on se réfugiait dans les bois pour échapper aux soldats, on mangeait l'herbe des prairies; plusieurs personnes moururent de faim, d'autres se nourrirent de chair humaine. On vit une femme, poussée par le besoin, se jeter sur son mari mourant, lui ouvrir le ventre, lui arracher le foie et le manger. « Une pauvre femme— dit un contemporain—portant et allaitant son petit enfant, a esté treuvée morte en une prayrie, ayant encore la bouche pleine d'herbe et en mangeant comme une beste, et son petit enfant encore vivant entre ses bras..... Les peuples de la Lorraine et autres paiis circonvoisins sont reduits à une si grande extremité, qu'ils mangent dans les prairies l'herbe comme des bestes, et particulierement ceux des villages de Pouilly et Parnot en Bassigny en mangent dans les prés et sont noirs et maigres comme des squelettes et ne peuvent plus cheminer. »

La paix fut signée en 1659. Aux horreurs que je viens de vous raconter avaient succédé quelques années de calme et de tranquillité; l'aisance et la prospérité commençaient à renaître au sein de nos populations, quand éclata l'incendie qui en moins de trois heures fit de la ville de Bourbonne un monceau de ruines. Le procès-verbal mentionné cidessus, et auquel j'emprunte les détails qui suivent, en fait foi.

«Ce jourd'hui vendredi vingt huitieme may mil sept cent dix sept, heure de trois de relevée, nous Thomas Thibault, conseiller du roi, lieutenant particulier, conseiller enquesteur et examinateur au bailliage et siege presidial de Langres, etant à Bourbonne-les-Bains, sur les requisitions du procureur du roy aux dits sieges, en presence dudit procureur et notre greffier ordinaire, s'est presenté Me François Bresson, procureur fiscal du dit lieu, lequel nous a remontré que le samedi premier du present mois le feu s'etant pris en ce dit lieu par accident imprevu dans la rue Vellonne, environ l'heure de neuf du matin, tandis que le dit procureur fiscal etoit absent et occupé à mettre l'ordre et veiller à l'exploitation des bois, que le seigneur marquis de ce lieu [1] fait exploiter, il auroit incendié en moins de trois heures, à cause de l'orage et agitation des vents, environ cinq cent maisons de ce lieu, parmi lesquelles celle du dit procureur fiscal s'y trouvoit comprise, il y auroit perdu plusieurs titres, contrats, papiers et enseignemens tant de son chef que comme chargé de plusieurs particuliers sans en avoir pu sauver aucun, par

[1] Desmarets (Nicolas), neveu du grand Colbert et contrôleur général des finances sous Louis XIV. A la mort du roi, le Régent le destitua. Il mourut en 1721, laissant la seigneurie de Bourbonne à son fils Jean-Baptiste-François Desmarets, marquis de Maillebois, auquel ses exploits militaires valurent plus tard le titre de maréchal de Maillebois.

Nicolas paraît avoir été utile à Bourbonne. « Sa constante protection pour Bourbonne—dit un auteur contemporain—a procuré à cette Ville, devant et après son Incendie, des grâces et des exemptions extraordinaires. » *Traité des proprietez et vertus des eaux mineralles, bouës et bains de Bourbonne-les-Bains*, proche de Langres en Champagne. Divisé en IV Parties. Dédié à Monseigneur le marquis de Maillebois. Composé par Nicolas Juy, *m. chimiste, demeurant à Bourbonne*. A Troyes, chez Jean Oudot, 1728.

l'effet de la violence du vent, du feu et de l'orage; remontre de plus pour les habitans du dit lieu que le feu s'etant porté presqu'en un instant aux quatre coins de ce bourg par les vents, non seulement l'eglise paroissiale de ce lieu, la maison curialle joignante, la maison conventuel et l'église des Capucins, le chateau auroient eté totalement incendiés, mais encore la quantité d'environ cinq cents maisons des meilleurs habitans de ce lieu avec tous les meubles, grains, vins, titres, papiers et autres effets, sans en avoir pu rien ou peu de choses sauver, n'y ayant pas eu moyen d'approcher des maisons ny d'en retirer quoi que ce soit; que dans cet embrasement universel plusieurs personnes y ont eté comprises et etouffées par le feu, ce qui est une perte d'autant plus considerable que les biens des particuliers habitans de Bourbonne consistoient en maisons, meubles, linges et vaisselles, et autres provisions pour recevoir et procurer le soulagement necessaire aux malades qui venoient prendre les eaux minerales de ce lieu. Pourquoi le dit procureur fiscal en dites qualités nous supplie de nous transporter sur les lieux et endroits cy devant designés, pour avoir notre raport d'office de la quantité de maisons incendiées, eglises et chateau de ce lieu, prendre le raport des habitans sur les pertes et dommages par eux soufferts à cet incendie. .

. . . . Nous nous sommes transportés en l'eglise paroissiale, où nous avons remarqué que les toits et couverts sont entierement brulés, le clocher entierement detruit et les cloches fondues qui etoient au nombre de six, et le metail fondu, dispersé et perdu, les voutes de la dite eglise endommagées, la sacristie entierement brulée, dans laquelle l'on nous a dit que tous les ornemens ont eté pareillement entierement brulés, avec le soleil, l'encensoir, la navette, burettes d'argent et vaisseau d'argent des saintes huiles, et meme les orgues qui etoient à l'entrée de l'eglise y ayant quelques bancs de brulés avec la grande porte d'entrée; de là nous avons eté en la maison curialle joignant la paroisse, qui est entierement brulée; ensuitte nous nous sommes fait conduire au chateau de ce lieu, qui est entierement brulé, comme de toute la basse cour et autres dependances, à la reserve du colombier, ou etant le dit sieur Bresson, procureur fiscal du dit lieu, nous a requis, procedant au present procès-verbal, de vouloir bien inserer dans icelui, que dans un cabinet au bout de la chambre scise derriere le puit appelée les Archives, etoit une armoire dont il avoit les clefs, dans laquelle etoient renfermés les papiers, titres et enseignemens concernant la dite terre, encore des anciens comptes des receveurs et les decharges qui lui avoient été données des papiers par lui envoyés à M. le le prince d'Escarpaigne [1], cy-devant seigneur et par son ordre, et encore des papiers retirés des dites archives par M. Leonard Fleurot, avocat chargé de procuration de M. Desmarets, desquelles declarations nous avons donné acte au dit Bresson, pour lui servir et valoir ce que de raison. . . . .

. . . .

---

[1] Prince de Carpegna, seigneur de Bourbonne par sa femme, fille aînée de Colbert du Terron, lequel avait acheté cette seigneurie de Charles de Livron, seigneur de Torcenay, abbé d'Ambronay. Ce qui a fait dire au P. Lempereur : « Bourbonne est un marquisat qui de la maison de Linzon (lisez Livron) est passé dans celle de Carpegna. » Mémoires pour l'histoire des sciences et des beaux-arts de Trévoux. Septembre 1705, page 1604. Article CXLIII.

. . . . Est aussi comparu M. Claude François Bruand, prêtre vicaire de ce lieu, lequel pour l'absence de M. Charles, curé de ce lieu, nous a déclaré qu'il a perdu tous les papiers, registres, baptistaire et autres appartenans à la cure, à l'exception de ceux qu'il nous represente, savoir : un gros livre contenant cent quarante huit feuilles, qui est registre baptistaire, commençant le 28 aout 1573, et finissant au 17 mars 1629, dans lequel il y a deux feuillets qui manquent, savoir : depuis le 8 février 1611, jusqu'au 3 juillet de la dite année[1], déclarant encore qu'il y avoit un livre couvert de bazanne epais de deux doigts, dont il n'y a qu'une feuille de rechapée, et que depuis la dite année 1629 jusqu'à celle de 1674 il n'a trouvé aucun registre, qu'il croit brulés, le surplus jusqu'aujourd'hui etoit en bonne forme entre ses mains, ajoutant que les titres de la cure ne se retrouvent point, et a affirmé sa declaration veritable. . . . .

. . . .

. . . . Est aussi comparu

---

[1] Ce registre est aux archives de la ville de Bourbonne.

R. Jean-Baptiste d'Odival, gardien des Capucins de ce lieu, lequel nous a dit que dans l'incendie, outre la perte qu'ils ont faite de la maison conventuelle, eglise et autres batimens, les retables des trois autels et tabernacles, un grand tableau, une très-belle chaire, leur sacristie, la plus grande partie de leurs ornemens, le soleil pour l'exposition du Saint Sacrement, toutes leurs sellules, linges, couvertures et matelats pour leurs malades, leur batterie de cuisine, la bibliotheque, leurs livres, les grains et toutes autres provisions necessaires pour leur communauté ont eté pareillement incendiés, meme une grande partie des arbres de leur jardin, des espaliers, charmille, ne leur restant pour tout azile qu'un seul terrain pour se mettre à couvert des injures du tems, et pour faire leurs exercices spirituels, et a aussi affirmé sa declaration veritable. »

Un auteur contemporain donne de ce sinistre la description suivante : *Verum a bellicis furoribus vix benè respirare datum erat, cum novâ calamitate dirutum ac penè sepultum est, ipsis Kalendis Maiis anni 1717, vilatâ flammis prædâ, totum ferè arsit Borbonium, ignis atro piceoque veluti innixus turbine, intrà paucas admodum horas ad quingentas Privatorum ædes fatali vastatas incendio, egit in ruinam, miseræ urbis incolæ! Alii igne consumpti lethifero, alii corruentibus cum ingenti fragore tectis obruti, alii a voracibus flammis semi vivi, semique ustulati vix aufugientes infaustas incendii reliquias, infaustamque vitam alio transtulere. Non aliud sanè post hominum memoriam lugendum magis incendium crediderim ; ipsius nempè tanta fuit strages, ut confluentes undiquè ad thermas exteri Borbonium in Borbonio quærerent*[1]. »

---

[1] QUÆSTIONES MEDICÆ CIRCA THERMAS BORBONIENSES. Quas, Deo duce, favente Virgine Deiparâ, ac Præside nobili, clarissimo, consultissimoque Domino D. Renato Charles, D. M. in Academia Bisuntina Medicæ Facultatis Professore Regio, propugnabit D. Antonius Duport, Borboniensis, Medicinæ Licentiatus, in publicæ illius Academiæ Auditorio, die 16 Aprilis 1721, horâ octavâ matutinâ.—Ad doctoratus Lauream in medicinâ consequendam.—Ex mandato magnifici domini D. Rectoris.—VESONTIONE. Typis Nicolaï Couché et Francisci Gauthier, Universitatis Regiæ Typographorum. 81 pag. in-8°.—Première question, page 7.

Ces questions, au nombre de six, toutes résolues par l'affirmative, sont dédiées à Dodart : *Illustrissimo viro, domino D. Joanni Baptistæ Dodart, regi a sanctioribus consiliis, necnon ejus archiatro.*

Nicolas Juy, médecin chimiste, praticien de la localité, au moment de l'incendie, mettant à profit le vieil adage : *A quelque chose*

I. *An plerisque Morbis chronicis Aquæ Thermales Borbonienses in Campaniâ.*

II. *An sit aliquis in Thermarum Borboniensium usu servandus ordo.*

III. *An litteratis Apoplexiæ obnoxiis Thermales Aquæ Borbonienses.*

IV. *An Paralysi Thermæ Borbonienses.*

V. *An læsæ chylosi Aquarum Thermalium Borboniensium potus.*

VI. *An Rheumaticis Ischiadisque doloribus Aquæ Thermales Borbonienses.*

Ces six questions ont été traduites en français, en 1749, par René-Charles lui-même, sous le titre : *Dissertation sur les eaux de Bourbonne*, par M. Charles, professeur en l'Université de Besançon, ci-devant intendant de ces eaux. A Besançon, chez Claude-Joseph Daclin, imprimeur ordinaire du Roi, etc. M.DCC.XLIX.

Le 26 août 1716, Jean-Claude Callet de Besançon soutenait, sous la présidence du même René-Charles, une Dissertation ayant pour titre : Questio medica : *An plerisque morbis chronicis aquæ thermales Borbonienses in Campaniâ*, comme la première question de Duport. Aussi plusieurs auteurs, Carrère entre autres, l'ont-ils donnée comme la reproduction de Callet. C'est possible, mais encore faut-il admettre alors qu'elle a été remaniée et augmentée, puisqu'il y est fait mention de l'incendie, qui n'arriva qu'en 1717, 8 mois après l'impression de la thèse de Callet.

est malheurté bonne—saisit l'occasion pour donner un coup de tam-tam et prôner les avantages de toutes sortes que trouveront dans sa maison les étrangers qui voudront bien loger chez lui. Je vous fais juge : « L'on a que trop sçû—dit notre auteur—que ce Lieu avoit eu le malheur d'être incendié le premier jour de May 1717, et qu'il y eut plus de cinq cens maisons de brûlées en moins de deux heures.

« Cet Incendie arriva par la faute d'une femme qui faisoit de l'eau de vie ; le vent étoit si violent qu'il n'y eut pas moyen de sauver une seule maison de celles où le feu prit, non plus que les effets qui y étoient ; mais Dieu par sa bonté y a répandu ses grâces, puisqu'on commence à y être mieux rebâti qu'auparavant, châcun s'est efforcé d'y faire des maisons propres et commodes pour y recevoir les malades qui sont obligez d'y venir prendre les eaux : Je n'ai pas été exempt de ce malheur, puisque j'ai perdu trois maisons et tous mes effets ; mais grâces au Ciel,

---

Le fait est que Duport et René-Charles ne citent même pas cet auteur. Malheureusement je n'ai pu me procurer cette thèse, ce qui m'aurait permis de dissiper toute incertitude à ce sujet.

j'ai travaillé comme les autres à y rebâtir une maison en la ruë Velonne, sur une petite terrasse, qui joint à un jardin, elle a vûë sur la campagne du côté du midi, et j'ai des chambres à loger les malades, et des écuries et remises de Carosses ; ma maison n'est pas éloigné de l'Église et des Bains [1]. »

Bourbonne-les-Bains, 20 mars 1862.

Dr B.

---

[1] *Loc. cit.*, pag. 23 et 24.

RELATION

DU GRAND INCENDIE arrivé à Bourbonne les Bains en Champagne, le premier de may de cette année 1717 [1].

Tirée d'une lettre écrite à M. le Prince de Talmond [2].

MONSEIGNEVR

L'INCENDIE de Bourbonne a paru et est veritablement quelque chose de terrible et de surprenant; on en a parlé et écrit, le public et les sçavans mêmes, comme nous l'apprenons, en ont

---

[1] Cette relation est de Charles, alors official et curé de Bourbonne. B.

[2] Quelques copies donnent le prince de Talmond

raisonné si differemment, Vous voulez bien, Monseigneur, y prendre tant de part, que je me croy obligé, nonobstant l'embaras et les occupations qui m'accablent necessairement depuis ce deplorable accident, de vous en envoyer une seconde Relation des plus amples et des plus circonstanciées. Je n'avancerai rien, Monseigneur, que je n'aye vû de mes propres yeux, ou que je n'aye malheureusement éprouvé, *quæque ipse miserrima vidi, et quorum pars magna fui*, qui ne soit confirmé par la voix publique, et tiré de plusieurs Procés verbaux dressez à Bourbonne et envoyez à la Cour par Messieurs

---

comme seigneur de Bourbonne. Il n'en est rien. Ce prince n'est autre qu'un personnage influent à la cour, venu aux eaux pour sa santé, comme il appert du passage suivant de Juy : « Monsieur et Madame la Princesse de Talmond (venus à Bourbonne) pour d'autres incommoditez..... ont été bien guéris par l'usage de ces eaux. » *Loc cit.*, pag. 40.

Il s'agit bien probablement ici de Frédéric-Guillaume, prince de Talmond, abbé de Charoux et de Talmond, chanoine de Strasbourg, qui ayant pris le parti des armes devint lieutenant général des armées du roi et gouverneur de Sarrelouis. Il épousa, le 2 décembre 1707, Élisabeth-Antoinette de Bullion, fille de Charles-Denys de Bullion, marquis de Gallardon, seigneur de Bonelles, prévôt de Paris, et de Marie-Anne Rouillé.

B.

les Subdelegué, President de l'Election, et autres Officiers des differentes Jurisdictions de la Ville de Langres.

J'aurai donc, Monseigneur, l'honneur de vous ecrire plus au long. et de vous dire simplement avec la plus vive douleur, que le premier de ce mois, environ les dix heures du matin, à l'issuë de la Messe Paroissiale, le feu prit à Bourbonne, dans une maison [1] du milieu de la ruë Velonne, vers la Prairie. où de malheureuses gens, nonobstant la Feste et la Messe du jour, faisoient de l'Eau-de-vie.

On parle differemment de la maniere dont le feu prit; quoy qu'il en soit, la flamme après avoir esté cachée quelque temps, comme on le croit, dés qu'elle trouva jour, gagna d'abord les maisons voisines, et portée comme par artifice de l'autre costé de la ruë, par un vent du Sud-Ouest des plus impetueux, monta pardessus les vignes sur la hauteur vers le grand chemin de Paris, repandit une gresle de charbons sur la derniere maison de ce costé là, se rabattit en faisant un demy cercle à droite du costé du Midy sur celles du Sieur Goujon le pere, du feu Sieur de la Paix et autres, descendit cependant avec une rapidité etonnante sur celles de Mon-

---

[1] Chez la nommée Nicole Lesigne, veuve de Nicolas Saget.

sieur le Gros, nostre Prevost, et de Madame Dupré vers le Nord, sur celle de Monsieur de la Coffe, quoique située entre deux grands chemins à une autre extremité de Bourbonne, puis retournant en arriere et faisant pour la seconde fois un grand demi cercle à droite du costé du Midy, reprit l'Eglise et le Convent des Capucins bastis depuis peu, et continuant d'où elle avoit commencé, toujours par tourbillons, en avant et en arriere, à droite et à gauche, envelopa plus de la moitié de Bourbonne presqu'à la fois; c'est-à-dire toute la Place, les ruës de Haute-Craie, des Asnes et de Saint-Antoine, celles du Paradis et du Moulin sous la montague du Chasteau qu'elles entouroient, la Porterie, la grande Avant-cour, les Ecuries du Chasteau, etc.

Ayant d'abord entendu le Toxin et senti le danger d'un tel feu poussé par un grand vent, j'y courus comme tout le monde y couroit, mais il falloit fuïr devant les flammes comme devant un torrent qui deborde, et l'on ne pouvoit tenir contre la seule fumée. J'eus beau representer avec d'autres personnes que l'on mist à bas plusieurs maisons, sans quoy tout Bourbonne alloit estre embrasé; (car nous ne voyions pas qu'une partie du lieu au delà de la hauteur bruloit dejà), tout estoit dans la confusion et dans la consternation, on ne s'entendoit que par des cris lamentables, la seule poussiere meme sans la fumée aveugloit; ceux qui estoient montez sur les toits pour arrester le premier feu furent contraints d'en descendre bien viste ou de sauter à bas pour sauver leur propre vie:

Plusieurs de ceux qui estoient accourus à la premiere maison qui brûloit, retrouverent les leurs embrasées quand ils y retournerent, ou toutes prestes à brûler. Je retournai aussi promptement au Presbytere pour mettre en sureté les Registres de l'Eglise, et c'est tout ce que j'ay emporté de chez moy, car je n'ay pas meme sauvé mes propres Papiers; trop heureux dans une telle occasion d'avoir sauvé les saintes Hosties, lesdits Registres et une foible vie.

Plusieurs personnes se refugioient à l'Eglise; on y apportoit avec confiance, à cause de sa situation élevée qui la détache de tout, meubles, coffres, berceaux d'enfant, etc. Mais ayant remarqué que le feu bruloit déja la maison des Demoiselles Roussel et avançoit vers le Presbytere et l'Eglise, je pressay vivement tous ceux que je rencontrai, entr'autres quelques Baigneurs étrangers, de gagner la campagne pour leur sureté. Je pris un Saint Ciboire, le Chapelain du Prieuré[1] un autre, et quand nous sor-

---

[1] On voit encore, sur le sommet de la colline contre laquelle est appuyé le jardin de l'établissement thermal, des bâtiments qui ont fait partie de ce prieuré, dont l'origine paraît remonter au XIe siècle. Ce prieuré, rural, de l'ordre de Saint-Benoît, était

tîmes de l'Eglise le feu qui monta toujours fort haut, estoit dejà au clocher qui tomba peu de temps après dans l'endroit où nous venions de passer à travers la fumée sous l'ancienne Porte Gollon, c'est-à-dire le seul chemin que les flammes n'avoient pas encore entierement occupé. Nous nous retirames du costé du Midy sur la hauteur de la Chapelle du Prieuré, où nous rencontrames le Pere Eusebe Capucin, qui sauvoit aussi leur saint Ciboire, et nous assura positivement les cruels ravages que le feu avoit dejà faits dans leur quartier. Mon Vicaire tenta inutilement de faire enfoncer les Armoires de la Sacristie pour en sauver quelque chose, la flamme l'avertit enfin de se sauver luy meme bien viste, et il eut bien de la peine d'en echaper.

Cependant le feu continuant aussi avec la même fureur dans la ruë Velonne où il avoit commencé, en brûla les deux extremitez à

---

sous l'invocation de Saint-Laurent et le patronage de l'abbaye de Saint-Vincent de Besançon. L'église était sous le même patronage. Ce dernier bénéfice avait été donné à cette maison par Guillaume, archevêque de Besançon, en 1250, avec la chapelle et les dîmes du Seigneur, en ces termes : *Ecclesiam de Borbona et capellam de castro et universas decimas proprias domini Borboniæ.....* Copie de la confirmation du titre de fondation de l'abbaye de Saint-Vincent. 1092.

B.

l'Orient et à l'Occident, prit à gauche les maisons sous l'Eglise et le Presbytere où il monta bien viste, gagna à droite du costé du Midy la ruë des Bains et celle du Pont Bouvart, enfila jusqu'au Moulin du costé de l'Orient la grande ruë où se forma le dernier cercle du feu, et de laquelle il monta contre toutes les apparences au corps du Chasteau, encore plus élevé sur la croupe de la montagne que l'Eglise et le Presbytere, et detaché de tout, entouré de bons fossez, dont les murailles estoient d'une epaisseur prodigieuse, et basti, suivant nos Historiens, par les Rois d'Austrasie Theodebert et Thierry [1].

---

[1] L'existence de notre cité comme ville romaine est attestée par les nombreux restes d'antiquités qu'on y a trouvés à diverses époques; mais le premier auteur qui fasse mention de Bourbonne est Aimoin, qui rapporte la fondation de son château à l'an 612 : ..... *Huic petitioni assentiente Clothario, Theodoricus anno XVII. regni sui, mense Maio, vniuersos ditionis suæ ad bella promptissimos Lingonis coadunari præcipiens, ac per VERNONAM castrum (tum temporis ædificari cœptum) iter faciens Tullum deuenit.....* » *Aimoini de gestis Francorum lib. III. Caput* XCVIII, p. 352.

Depuis lors, jusqu'à l'année 1205, on ne trouve aucune donnée sur son histoire. Le 9 mars 1205, la dame Willaume, qui possédait la seigneurie de Bourbonne, accorde aux habitants leurs premières libertés; libertés confirmées en juillet 1313 par

Ainsi, Monseigneur, dans une demie-heure presque tout Bourbonne, qui avoit environ une petite lieuë de circuit, fut en feu; dans deux heures presque toutes les maisons qui estoient au nombre de plus de cinq cens, furent à bas, et presque tous les Habitans ruinez sans ressource.

Vous avez pû remarquer, Monseigneur, dans les differens sejours que vos glorieuses blessures vous ont fait faire à Bourbonne au retour de vos Campagnes, que presque toutes les maisons estoient basties de pierre, quelques-unes de

---

Louis le Hutin, alors roi de Navarre et comte de Champagne, et en avril 1323 par son frère Charles le Bel, roi de France. Dans cet intervalle, Philippe le Long, sur la demande des habitants (avril 1318), révoque le droit de commune dont ils jouissaient, et leur remet les 170 livres de rente qu'ils payaient ensemble pour ce droit. En 1329, la seigneurie de Bourbonne appartient à la maison de Choiseul; elle ne tarde pas à passer par alliance à la maison de Vergy, où on la voit en 1338; la même année, Philippe de Valois cède les terres et droits qu'il possédait à Bourbonne à Guillaume de Vergy; c'est la première fois qu'il est question des *bains*. Vers 1409, Jeanne de Vergy apporte en dot cette seigneurie à Henri de Bauffremont. Elle reste dans cette famille jusqu'en 1477, époque à laquelle elle passe à la maison de Livron par le fait du mariage de Françoise de Bauffremont avec Bertrand de Livron. Vers

pierre de taille, et plusieurs couvertes de thuiles.

J'estime donc, comme bien d'autres, qu'une Armée entiere avec les matieres les plus combustibles n'y auroit pas mis le feu plus viste, et ne l'auroit pas eteint. Dès que le feu avoit pû gagner une poutre cachée sous un toit de thuiles, le toit sautoit en un instant. On voyoit une maison, une ruë entiere embrasée sans sçavoir par où le feu estoit venu ; un Particulier m'a assuré que le feu estoit entré dans la sienne par le trou d'un petit evier ; le bruit que faisoit les maisons en tombant, joint à celui du vent, estoit quelque chose d'epouventable ; on

---

1680, Charles de Livron II, abbé d'Ambronay, la vend à Colbert du Terron, qui la donne en dot à sa fille aînée, mariée en premières noces au marquis de La Roche-Corbon, en secondes au prince de Carpagna. Desmarets l'achète de ce dernier vers 1714. En 1737 elle appartient à la famille de Chartraire, par acquisition, enfin à M. le comte d'Ogny, par succession. C'est le dernier propriétaire à titre seigneurial.

Le château, ruiné par l'incendie, fut entièrement démoli par M. le comte de Mesmes Davaux en 1783, et les pierres employées à la reconstruction de l'Établissement thermal. Une belle maison moderne, très-habilement restaurée l'an dernier, occupe la place du château. C'est la propriété de M. Tonnet, ancien préfet.

B.

assure constamment qu'on a trouvé des Papiers de Bourbonne emportez par le vent, dans le temps de lI'ncendie, à Martigny[1] en Lorraine, éloigné de trois grandes lieuës; la fumée qui montoit jusqu'aux nuës s'apperçut de Langres et à plus de cinq lieuës à la ronde par-dessus les hauteurs et les bois, on y courut sur le champ de tous les costez, mais on y fut bien trop tard, des Villages mêmes les plus voisins, et le feu sembloit avoir voulu prevenir tous les obstacles et jusqu'aux temoins de sa fureur. Le Procureur Fiscal qui estoit dehors de Bourbonne, avec le Lieutenant et plusieurs autres, furent obligez d'en faire tout le tour pour y retrouver une entrée lors de l'incendie.

Les pierres sont toutes calcinées du feu, pas un pan de mur qui puisse bien servir, il n'en reste pas un seul en beaucoup de maisons, et à peine trouvera-t-on des materiaux pour en rebâtir une vingtaine de près de cinq cens qui sont renversées; on ne retrouve pas un bout de bois, on ne voit aucun vestige de poutre, tout l'étain et le cuivre sont engloutis, les caves sont la plûpart enfoncées, le vin répandu ou

---

[1] Petit village du département des Vosges, à 26 kilomètres de Bourbonne et 2 de Lamarche.— Sources minérales froides assez analogues à celles de Vittel et de Contrexéville —Établissement de bains. B.

gâté par la chaleur du feu, les vignes, les jardins. les champs, les prez, les arbres d'alentour, les chariots, les halles, les pressoirs, les fours bannaux, les couvertures des puits, les fourages, bleds, avoines, farines, les vivres, les fonds des boutiques, les outils des Ouvriers, etc., tout est consumé. On n'a pû rien sauver des differens Bureaux du Roy dont les Receveurs ou Commis estoient en Campagne, presque rien des Greffes, peu de Papiers des maisons particulieres, peu d'argenterie, de linges et de meubles en quoy consistoient principalement les facultez des Habitans de Bourbonne, à cause de leurs chambres garnies pour recevoir une multitude de malades Etrangers qui y venoient depuis Pâques jusqu'à la Toussaint, et la plus grande partie de ce qu'on a pû sauver au peril de la vie, a esté consumé dans les ruës, dans les jardins et jusques dans les caves.

Des scelerats soit de Bourbonne, soit du voisinage, et ces sortes de gens qui se distinguent toujours par leurs brigandages dans les desastres publics, ont volé impunement jusqu'au metail de nos cloches, qui furent toutes sur le champ fonduës par le feu. J'eus beau repeter souvent qu'on mît quelques Personnes sous les armes si l'on en pouvoit trouver, et que l'on visitât tout ce qu'on verroit sortir de Bourbonne; chacun estoit comme immobile du terrible coup dont il venoit d'estre frapé.

Pendant deux jours presque personne n'eut le courage d'aller visiter les ruines ou la place de sa maison, et on ne pouvoit gueres alors y aller en sûreté à cause des murailles qui tomboient ou menaçoient en plusieurs endroits.

Outre les Eglises, Convent, Presbytere, Chateau, maison de la bonne Sœur de la Charité et autres, les mieux meublées, les plus commodes et les plus logeables qui sont brûlées; sont celles des.................................

Je marque les noms indifferemment comme ils me tombent sous la plume, et j'entre, Monseigneur, dans ce détail, parce qu'il n'y avoit pas une famille dans Bourbonne qui n'eut ressenti vos bienfaits ou vostre protection, et pour laquelle vous n'ayez encore la bonté de vous interesser; mais ce qui nous touche le plus vivement, Monseigneur, ce sont les victimes particulieres de cet incendie, au nombre de dix Personnes environ.

La Demoiselle Jeanne Monginot, fille d'une pieté et d'une bonté toute singuliere, pour s'estre un peu trop arreté à l'Eglise, et estre encore retourné sur ses pas pour sauver un petit enfant son Filleul, fut engloutie dans le feu avec l'enfant entre ses bras. Un Particulier qui au peril de sa vie venoit de retirer de sa maison sa Mere fort infirme et fort âgée, apperçut, sans pouvoir entendre à travers les flammes ladite Demoiselle, qui par ses gestes luy demandoit du secours. mais le secours estoit devenu impossible; la Demoiselle Yollande de Gissey, vielle fille d'une vertu exemplaire, et sa Nièce Marguerite du Clerget jeune personne, encore plus remarquable par une vraie devotion, que par toutes ses autres belles qualitez, furent trouvées le lendemain de l'incendie à l'entrée de leur cave, brûlées et à genoux, dit-on, l'une contre l'autre, à peine a-t-on pû distinguer ces deux especes de cadavres, tant ils estoient grillez et retressis, on les apporta dans un sac dans le temps que j'allois rendre les devoirs de la Sepulture à la Demoiselle Monginot : Le denuëment de toutes choses où l'incendie nous avoit reduits, et la crainte que de tels objets ne tombassent sous les yeux d'une tendre Famille dejà trop desolée de l'incertitude de leur sort, me fit prendre le parti de les faire mettre dans une même fosse que l'on avoit eu encore bien de la peine de faire faire faute d'instrumens. La Sœur du Sieur Goujon a esté mouluë sous les ruines de sa maison, sa fille attaquée par le feu mourut le lendemain, sa Femme; ma servante qui par une fidelité peu commune attendit trop longtemps de se retirer de ma maison, quoique je luy eusse fort recommandé en sauvant les Registres, de ne plus s'arrêter à rien sauver, car je voyois bien qu'il n'etoit plus temps, et quelques autres Personnes qui furent obligées de franchir les flâmmes, ressembloient plûtôt à des monstres, qu'à des corps humains; quelques-uns ont perdu la veuë dans l'Incendie en sauvant leur vie, d'autres en sont estropiez, presque tous en sont noircis : Si un tel feu avoit pris la nuit, je ne crois pas que cent Personnes en fussent echapées, chacun avouë que s'il s'etoit arrêté un peu plus dans sa maison, il y perissoit; on s'arrachoit les uns les autres du danger.

Sans une petite porte du fossé du Château, qui heureusement rendoit à une extremité de Bourbonne vers le Moulin à l'Orient, où cependant le grand cercle de feu se forma, il devoit perir bien plus de monde, et je fus terriblement inquiet, quand m'etant retiré de l'Eglise, comme je vous l'ay dejà marqué, Monseigneur, je vis Bourbonne pris de tous les côtez par le feu, et gueres qu'une trentaine de personnes auprès de moy: Je ne voyois pas le grand Pont où l'on se refugia par le Château, de petits enfans allerent se cacher sous un autre Pont sur le chemin de Serqueux. On sauva très à propos les vieillards, les infirmes et ceux qui ne pouvoient remuer de leurs lits: M. du Clerget le fils sauva sur ses épaules son Pere paralytique, bien plus réellement qu'Enée ne sauva le sien de l'embrasement de Troyes, qui n'a rien de comparable dans le Poëte à celui de Bourbonne, ni à mon avis ce qu'on raconte des vomissemens de feu de certaines Montagnes. Je ne crois pas aussi qu'en observant toutes les proportions, on trouve dans l'Histoire beaucoup d'exemples d'un feu aussi prompt, aussi furieux et aussi bizarre que celui-ci par les tours, retours, et par les differens cercles enfin qu'il fit.

On ne doute pas que plusieurs Bourbonne de suite n'en eussent esté reduits en cendres presqu'egalement viste.

On craignit pour Serqueux, quoiqu'eloigné d'une lieuë de Bourbonne, et même pour les Forêts voisines. Je n'avanceray pas si c'est avec fondement.

Tous ceux qui avoient vû les incendies de la Guerre, et qui ont vû celui de Bourbonne, conviennent que celui-ci est infiniment plus horrible que tout ce qu'ils avoient vû dans ceux là.

Il n'est point de sombre Forest si affreuse quand on la traverse de nuit, que le sont à present les masures de Bourbonne, et de quelque côté qu'on aborde, on ne voit presque plus de maisons sur pied, parce que le petit nombre de celles qui subsistent autour des Bains, est dans le fond.

Plusieurs personnes etant restées dans l'Eglise après nous, et coupées par les flammes, se retirerent dans un petit Jardin du Presbytere au-delà du Cimetiere, et se trouvant necessairement entre quatre feux, en essuyerent l'ardente chaleur pendant plus de deux heures, ventre à terre, couchées contre la muraille, et obligées souvent de repousser avec la main les bois embrasez que le feu jettoit sur elles. Voyant le feu assez près de la petite hauteur de la Chapelle du Prieuré, et craignant que le vent changeant, comme il avoit dejà fait tant de fois, n'y ramenât la flamme, comme elle avoit eté portée en un instant dans le Quartier des Capucins, infiniment plus eloigné et au-delà d'une autre hauteur plus elevée, ne pouvant tenir d'ailleurs contre le vent qu'il continuoit de faire, et contre la douleur de voir les restes fumans d'une Eglise et d'une Paroisse nombreuse, je jugeay à propos pour plus grande seureté, et pour plus grande decence, de faire porter toutes les saintes Hosties à Villars, Village du Comté de Bourgogne, le plus voisin de nous. Ce fut un triste spectacle pour moy en retournant à Bourbonne, de voir les chemins pleins d'innocens fugitifs, qui ne pouvoient exprimer leur douleur que par leurs cris ou par un morne silence, les uns à moitié habillez, parce qu'ils s'etoient ainsi mis pour tâcher de sauver quelques uns de leurs effets, les autres avec des habits à demi brûlez : Les uns repeter leurs Sœurs, les autres leurs Enfans ; car les Familles n'avoient pû encore se rejoindre, les uns crier aux Sacremens pour des Mourans devorez du feu, les autres aux remedes qu'on ne pouvoit plus trouver : Quantité de Familles très-commodes, qui avoient l'honneur et l'avantage de loger dans leurs maisons les Princes et les Personnes les plus illustres du Royaume, et quelquefois des Païs étrangers, reduits eux-mêmes à n'avoir plus que le Ciel pour couverture, et pour pain, leurs larmes. On se campa comme l'on pût dans les charitables maisons que le feu avoit epargnées contre toute esperance, car la flamme avoit dejà pris à celle du Sieur Geoffroy, près le petit Pont de la ruë des Bains, de laquelle nonobstant la separation que fait le ruisseau, il n'auroit pas manqué de se porter à ce petit nombre de maisons qui restent, et qui dans la crainte où le danger très-prochain, avoient dejà demenagé, et en ont perdu une partie de leurs meubles.

Le vent recommençant à l'entrée de la nuit, et la plupart des maisons où il y avoit des fourrages, surtout la cour du Château et la maison de Madame Maillard, sur la Place, paroissant encore plus enflammées que pendant le jour, nous donnerent plus d'une fois de cruelles allarmes, et ne nous concilierent pas un fort long ni un fort doux sommeil après une telle journée. J'avois fait chercher inutilement des chevaux pour faire transporter à Villars des Malades etrangers, dans la crainte que la flamme reprenant dans le peu de maisons qui restent, comme il n'y avoit que trop d'apparence, à cause d'une maison voisine qui brûloit encore comme une fournaise, on n'eut point la même facilité pour se sauver la nuit qu'on avoit eu pendant le jour. Le feu avoit dejà fait une etrange dispersion des Habitans et même des Familles que les seules Graces du Prince Regent seront capables de reünir. Il y avoit peu d'Etrangers à Bourbonne lors de l'Incendie. Le Carosse de voiture qui en etoit plein, y arriva que tout brûloit encore, plusieurs autres etoient en chemin pour y venir.

La paroisse de Seneide en Lorraine, nous ayant donné un Tabernacle, nous faisons l'Office divin comme nous pouvons dans la Chapelle du Prieuré. Nous avons perdu tous les Ornemens et Linges de nôtre Eglise, toutes nos Cloches, nos Orgues, nos Chandeliers, nos Encensoirs, nos Burettes et jusqu'au Soleil du saint Sacrement, dans lequel heureusement il n'y avoit point de Sainte Hostie. La perte de tous ces Ornemens, etc., seroit bientôt reparée, si parmi tant d'Eglises qui en ont d'inutiles, quelques unes vouloient bien decorer la nôtre de ce qui ne leur servira jamais de rien. Les Capucins n'ont pour tout Logement que leur Caveau.

La perte que cause en general l'Incendie de Bourbonne est très-grande, elle doit interesser tout le Royaume à cause de ses Eaux, dont la vertu souveraine contre une infinité de maladies et toutes les blessures, comme vous l'avez heureusement eprouvé, Monseigneur, pour les vôtres, est connuë maintenant plus que jamais dans toute l'Europe, et leur usage est si fort recommandé par Monsieur le premier Medecin du Roy, par tous les autres grands Medecins de la Cour, et meme des Paiis etrangers, qui y ont très souvent recours.

Cette perte interesse particulierement l'Etat, car on a vû dans une seule année à Bourbonne jusqu'à huit cens soldats, que les habitans du lieu, toûjours zelez pour tout ce qui regarde le Service du Roy, logeoient sans repugnance faute d'un Hôpital, si desiré depuis plusieurs années et si necessaire, pour lequel on a des Lettres Patentes de la Cour, mais aucuns fonds que ceux qu'il plaira à la Providence d'envoyer.

Bourbonne, egalement a portée de l'Allemagne et de la Flandre, avoit toûjours eté un lieu très-propre dans le temps de la Guerre, pour entretenir pendant l'Hiver et retablir les Equipages de l'Artillerie et des Vivres.

Plus de cinq cens Habitans, qui faisoient la Garde tour à tour, toûjours prêts à prendre les armes, et faits aux exercices de la guerre, ont tenu de tout temps en respect, et meme pris des Partis qui desoloient et inquietoient les Frontieres voisines; les Villages du Bassigny, de la Franche-Comté et de la Lorraine, qui de plusieurs lieües à la ronde, venoient debiter leurs denrées à Bourbonne, à cause de ses Foires et de ses Marchez, commencent dejà à se ressentir de son Incendie.

Je ne puis finir cette longue et triste Lettre sans vous marquer ce que le devoir de la reconnoissance m'oblige de publier dans toutes les occasions, et ce que vous apprendrez avec plaisir, Monseigneur, charitable et bienfaisant comme vous l'estes. Monseigneur l'Archeveque de Besançon nous a donné toutes les marques d'un Pontife vraiement genereux et compatissant, Monsieur le Grand-Vicaire, Messieurs du Chapitre de Langres, toutes les Dames de cette Ville, quoique d'un Diocese etranger [1]; l'Université de Besançon, Mademoiselle de Grainville, et Madame de Limosin de Paris, Messieurs les Abbez de Morimont et de Vaux-la-Douce, M. le Marquis de Fussey-Menesserre, le Seigneur et la Demoiselle de Guyonvelle, les P. P. Trinitaires de La Marche en Lorraine, Diocese de Toul; M. le Prevost, la Communauté de Montigny et celle de Jussey, M. les Curez de Saint-Pierre de Langres, de Villars, de Poüilly, de Revenne-Fontaine, de Meuvy, Mademoiselle de Cumier de Choiseuil, et plusieurs autres Personnes dont les noms ne me sont pas encore

---

[1] Bourbonne faisait alors partie, sous le rapport ecclésiastique, du diocèse de Besançon. Sous le rapport administratif, il dépendait de l'élection de Langres et de la généralité de Châlons, intendance de Champagne.

B.

connus, mais dont nous nous souviendrons eternellement dans cette Paroisse, luy ont procuré de genereux, de prompts secours et très-necessaires après un si desolant incendie; mais le nombre des miserables est si grand, et la ruine de Bourbonne si totale, Monseigneur, qu'il n'y a qu'un Prince aussi sage, aussi compatissant et aussi genereux que celui qui gouverne la France, qui puisse la reparer.

Penetrez que nous sommes de la bonté toute Royale de son cœur, nous osons dejà le regarder non-seulement comme le Reparateur, mais encore comme un second Fondateur de Bourbonne, qui luy devra eternellement tout ce qu'il pourra jamais estre : Les Prieres particulieres que nous avons toujours faites à Dieu pour son Altesse Royale, nous font aussi esperer qu'Elle daignera un peu se souvenir de nous dans la distribution des Graces de son heureuse Regence.

Cette Paroisse qui pour la bonté et la pieté de la plùpart de ses Habitans paroissoit digne d'un autre sort que celui d'un incendie si cruel et si general, ou peut-estre d'une telle epreuve de la part du Ciel, que presque tous ont reçù avec une louable soumission, et quelques uns qui ont perdu cependant tout ce qu'ils avoient de plus cher au monde outre leurs biens avec une fermeté heroïque, cette Paroisse, dis-je, quoiqu'appuyée de plusieurs Puissances à la Cour, compte beaucoup, Monseigneur, sur l'honneur de vôtre Protection.

J'ay l'honneur d'estre, en vous presentant les tres humbles respects et remerciemens, les Vœux de tous ces infortunez Paroissiens, et les miens pour vostre conservation,

MONSEIGNEUR,

Votre très humble, etc.

A Bourbonne-les-Bains, le 25 may 1717.

Le Bureau des Charitez pour les Incendiez, où se trouve M. le General de Saint-Lazare, se tient à Paris tous les Mercredis, chez Madame de Richebourg au Marais.

J'AY *lû un Manuscrit intitulé :* Relation du grand Incendie arrivé à Bourbonne les Bains en Champagne le premier may 1717. *Fait à Paris, ce* 18 *juin* 1717. (*Signé*) : PASTEL.

VEU *l'Approbation de Monsieur l'Abbé Pastel, Docteur de Sorbonne, permis d'imprimer. Ce* 18 *juin* 1717.

(*Signé*) : MARC-RENÉ DE VOYER D'ARGENSON.

Registré sur le Livre de la Communauté des Libraires et Imprimeurs de Paris, nº 1059, *conformément aux Reglemens, et notamment à l'Arrest de la Cour du Parlement du* 3 *Décembre* 1705. *A Paris, ce* 19 *juin* 1717.

(*Signé*) : DELAULNE, *syndic*.

De l'imprimerie de CHARLES HUGUIER, rue Saint-Jacques, vis-à-vis la rue de la Parcheminerie, à la Sagesse.

Extrait des registres du conseil d'État.

VEU AU CONSEIL D'ÉTAT DU ROY LE PROCÈS-verbal dressé le 4 may dernier, par les sieurs Boudrot, président, et Baron, procureur du Roy en l'Élection de Langres, de l'incendie arrivé le premier du mesme mois de may au bourg de Bourbonne-les-Bains dépendant de la dite Élection, par lequel il paroist que les habitans dudit lieu ont eu le mal'heur de perdre non-seulement leurs maisons, que le feu de cet incendie a consumées en moins de trois heures, mais encore tous leurs meubles, titres, papiers, ustanciles, chariots, charues, harnois et autres effets, en sorte que de 500 maisons ou environ dont ce bourg étoit composé, il n'en reste actuellement que 42, dont cinq seulement sont en état de recevoir ceux qui vont à Bourbonne pour prendre les eaux minéralles, le surplus n'étant habité que par des manouvriers et vignerons, que l'Église paroissialle de ce bourg, le couvent des Capucins, les halles pour les foires et marchez, les moulins, les pressoirs et les fours bannaux, l'auditoire et le château du seigneur du lieu ont esté brûlez. La requeste présentée par les habitans de Bourbonne, tendant à ce qu'il plaise à Sa Majesté, en considération de leurs pertes, *les décharger de tout ce qu'ils peuvent devoir de reste des impositions de toutes natures*, tant de la présente année 1717 que du passé; ordonner que pendant vingt années consécutives à commencer en la prochaine 1718, leurs taux de taille demeureront réduits à cinq sols chacun à la charge par eux de rétablir leurs maisons et bâtimens, qu'ils seront dechargez pendant le mesme temps de la capitation et de toutes autres impositions. Veu aussi l'état envoyé au Conseil par le sieur l'Escaloput, intendant et commissaire de party en Champagne, de ce qui reste dû à l'arriere liste des tailles de Langres par la Communauté de Bourbonne-les-Bains sur les tailles des années cy-après, montant pour l'année 1711 à 12 #, pour l'année 1712 à 255 #; pour l'année 1714 à 654 # 7 s., pour l'année 1715 à 1,317 #; pour l'année 1716 à 892 # 1 s. 4 d., et pour la présente année 1717, à 2,650 # 10 s., revenant toutes lez sommes dues de reste sur la taille des dites années à celle de 5,780 # 18 s. 4 d. Le dit État contenant aussy qu'il est dû de reste par les habitans sur le dixième de l'année 1715, 239 # 0 s. 9 d. et de l'année 1716, 566 # 4 s. 6 d., revenant les deux sommes dues sur le dixième à celle de 805 # 5 s. 3 d., et l'avis du dit sieur l'Escaloput; ouï le raport, le Roy en son conseil, conformément à l'avis du dit sieur l'Escaloput a déchargé et décharge les dits habitans de Bourbonne du payement de ce qu'ils doivent de reste de leur taux de taille montant sçavoir : pour l'année mil sept cent onze, à la somme de douze livres; pour l'année mil sept cent douze, à deux cent cinquante cinq livres; pour l'année mil sept cent quatorze, à six cent cinquante quatre livres sept sols; pour l'année mil sept cent quinze, à treize cent dix sept livres ; pour l'année mil sept cent seize, à huit cent quatre-vingt douze livres un sol, quatre deniers, et pour la présente année mi-sept cent dix-sept, à deux mille six cent cinl quante livres dix sols, comme aussy de ce qu'ils doivent de reste du dixième montant pour l'année mil sept cent quinze à deux cent trente-neuf livres neuf deniers, et pour l'année mil sept cent seize à cinq cent soixante six livres quatre sols. Ordonne Sa Majesté : qu'il sera tenu compte de ses dites sommes aux collecteurs des tailles et du dixième du dit lieu de Bourbonne des dites années par les receveurs des tailles en exercice de ces années; aux dits receveurs des tailles par les receveurs généraux des finances de la généralité de Châlons aussy en exercice de ces années, auxquels il en sera pareillement tenu compte sur ce qu'ils doivent payer au trésor royal et partout ailleurs où il appartiendra sans difficulté en vertu du présent arrest. Ordonne en outre Sa Majesté, que les dits habitants ne pouront estre imposez à la taille pendant dix années consécutives, à commencer en l'année prochaine, mil sept cent dix-huit, qu'à cinq sols chacun par an, et à pareille somme pour la capitation pendant le mesme temps de dix années à la charge par eux de résider dans le dit bourg de Bourbonne, et dy faire rctablir leurs maisons et batimens dans l'espace de quatre ans, à commencer en la dite année mil sept cent dix-huit. Enjoint Sa Majesté au sieur commissaire de party en la ditte généralité de Châlons, de tenir la main à l'exécution du présent arrest, qui sera exécuté nonobstant toutes oppositions et autres empêchemens dont si aucuns interviennent, Sa Majesté s'en est réservée la connoissance et à son Conseil, et icelle interdit à toutes ses Cours et autres juges. Fait au conseil d'État du Roy, tenu à Paris, le quatrième jour de septembre mil sept cent dix-sept.

RANCHIN.

www.ingramcontent.com/pod-product-compliance
Ingram Content Group UK Ltd.
Pitfield, Milton Keynes, MK11 3LW, UK
UKHW022146190726
13855UKWH00004B/1367

9 782013 073028